# ANATOMIE

## DE
# LA LANGUE FRANÇOISE,

### OU

## EXAMEN PHILOSOPHIQUE ET ANALYTIQUE,

I. Des Principes Méchaniques qu'elle observe dans sa Formation, ou s'on Étymologie; aussi-bien que dans son Orthographe, ou sa prononciation.

II. Des Principes Métaphysiques sur lesquels se trouve établie sa Syntaxe, ou sa construction.

*OUVRAGE ORIGINAIREMENT COMPÔSÉ EN ANGLOIS*

PAR M. LE CHEVALIER DE SAUSEUIL,

*ET AUJOURD'HUI TRADUIT EN FRANÇOIS PAR LUI-MÊME.*

---

VI VOLUMES IN-QUARTO, PROPÔSÉS PAR SOUSCRIPTION, *PAR AUTORITÉ DU GOUVERNEMENT.*

---

*A PARIS,*

Chez L'AUTEUR, rue Princesse S. Sulpice, en face du Marchand de Couleurs; Et chez le S$^r$ BARROIS le jeune, Libraire, quai des Augustins.

---

M. DCC. LXXXIII.

*AVEC APPROBATION ET PRIVILÉGE DU ROI.*

# ANATOMIE

## DE

# LA LANGUE FRANÇOISE.

## *PROSPECTUS.*

Dans tous les tems, il a été du caractère distinctif de cet animal singulier, appellé Homme, que ce qui l'intéresse le plus soit presque toujours ce qu'il affecte de connoître le moins : et, loin d'y déroger, nous voïons encore aujourd'hui que ce qui est le plus à notre portée, n'est guères ce dont nous avons les idées les plus justes et les plus parfaites. Au contraire, on diroit même que nous ne regardons ces sortes d'objets comme dignes ou indignes de notre attention, qu'en raison du plus ou du moins de difficulté que nous trouvons à nous en rendre maîtres. Aussi, dans tous les Païs et chez toutes les Nations, se pique-t-on de savoir le Grec et le Latin ; même l'Hébreu, l'Arabe, le Syriaque, et toutes les autres Langues Orientales. On écrit, on dispute, on disserte sur le véritable sens de presque tous les mots de ces anciens et différens idiômes. . . . . Et pourquoi ? C'est qu'il ne se trouve-là personne de ceux qui les ont parlés

A

pour contredire les dissertateurs. Et, dans le même tems, à peine y a-t-il un de ces érudits qui daigne s'occuper de sa propre Langue. Non; aucun ne s'attache à en chercher la marche, à en connoître le génie, à en pénétrer les difficultés, non plus qu'à en apprécier et admirer les beautés, ou à en marquer les défauts; tandis qu'il a, cependant, toute la Nation qui la parle devant les ieux, et comme qui diroit sous la main, pour l'éclairer dans ses recherches, et le guider dans ses travaux.

Que nous errions dans nos dissertations sur les Langues mortes, il n'est rien de si naturel; et nos erreurs, après-tout, ne sauroient absolument nous être imputées. Elles ne sont que ce qu'elles doivent être, c'est-à-dire le fruit de l'ignorance où nous sommes des mœurs, des usages, des coutumes et des loix, ou bien des arts et des métiers, et, très-souvent aussi, des amusemens mêmes et des plaisirs de ceux qui les parloient. Au lieu que, si nous errons dans nos principes sur les Langues modernes, et sur-tout sur notre Langue maternelle, nos erreurs nous deviennent absolument propres et personnelles : elles sont ou le fruit des préjugés dont nous avons été imbus dès notre naissance, par l'usage journalier des Grammaires erronées des Langues mortes dont nous nous sommes occupés dans notre jeunesse, ou elles sont le résultat de nos mauvais raisonnemens et de la fausseté de notre jugement.

En fait de Grammaires, il faut convenir que nous avons toujours marché dans les ténèbres, depuis qu'on en compose et qu'on en étudie. La première erreur, celle qui a produit toutes les autres, a été de croire qu'une Langue *vivante* est une Langue *variable* et incertaine, dont on ne peut assûrer la marche ni les principes : et que, les Langues mortes n'étant plus sujettes à ces fluctuations, elles sont celles dont on doit étudier les règles, afin de se donner une juste idée de la

Grammaire, avant de se permettre la recherche et la découverte
de celle de sa propre Langue. —— L'on a donc cru avoir tout
fait, quand on a pu renverser les Grammaires Latines, et les
lire, pour ainsi dire, à rebours, ou de droite à gauche. Par ce
moïen, toute Nation qui avoit une de celles-ci, croïoit y en
trouver aussi-tôt une autre toute préparée, de sa propre Langue;
et de DOMINUS, *le Seigneur,* DOMINI, *du Seigneur,* ou AMO,
*j'aime,* &c, on avoit bientôt retourné, le SEIGNEUR, *Dominus,*
du SEIGNEUR, *Domini,* ou J'AIME, *amo,* &c, &c. . . . . . .
INDÈ MALI LABES !

C'est précisément tout le contraire qu'il falloit faire. La
Logique est l'Algèbre de la Grammaire naturelle et universelle.
Disons mieux, ou plutôt, disons ceci d'une manière plus claire
et plus intelligible. La Logique est à la Grammaire naturelle
et universelle, ce que l'Algèbre est au calcul. Et c'est une
propôsition qu'on ne sauroit nier. —— Or, sans la Grammaire
générale et universelle, Grammaire qui est comme innée chez
nous, et qui n'est autre qu'une bonne et saine Logique, il n'en
est, n'en peut être et n'en sera Jamais de particulière. Par ce
moïen-là seul, il falloit donc analyser et décompôser ses propres
idées dans sa propre Langue; distinguer ensuite les idées
compliquées des simples, et réduire enfin le tout, *gradatim,*
à des élémens primitifs. —— D'après cela, il falloit chercher les
signes matériels de ceux-ci, tels qu'ils sont avoués et reconnus,
ou, à ce défaut, tels qu'ils se rendent sensibles aux ieux de celui
qui les cherche, sans préjugé et de bonne foi, dans sa Langue
maternelle. On est bien fort, ce semble, quand on peut, à
chaque pas que l'on fait, consulter ses propres sensations, et
se fortifier dans ses découvertes, en en appellant à son voisin.
Peut-il en être de même, quand on cherche, dans les ténèbres,
les principes grammaticaux d'une Langue morte, ou étrangère,

A 2

et qu'on n'a, auprès de soi, personne que l'on puisse consulter sur la vérité ou la fausseté des découvertes que l'on croit faire ou avoir faites ? Dès qu'on manque de cet avantage, on n'est plus sûr de ses opérations ; et une première erreur, une fois échappée, doit nécessairement en enfanter mille.

C'est ainsi que se sont glissées toutes celles que nous rencontrons dans les Ouvrages connus sous le titre de *Grammaire* de la LANGUE FRANÇOISE, tant sur le méchanisme extérieur de l'orthographe et de la prononciation de cette Langue, que sur les prétendus principes de sa Syntaxe, ou de ses idiômes, et de la construction, ou compôsition de ses phrases. —— Sans les Grammaires que nous avons sur les Langues Grecque et Latine, ( Langues que nous n'entendons que *peu,* et que nous ne SAVONS POINT DU TOUT lire, ni écrire) se seroit-on jamais avisé de trouver des *Diphthongues* dans l'orthographe et dans la prononciation de la LANGUE FRANÇOISE ? —— Auroit-on pensé à y trouver des déclinaisons par cas, quand il n'y a point de désinence pour les caractériser ? —— Auroit-on imaginé de ranger *moi, toi, soi, lui, eux,* &c, et quelques autres termes semblables qu'il n'est pas à propos de détailler ici, parmi les *pronoms,* quand la *dénomination* (1) *seule* de PRONOM qu'on leur donne auroit dû faire voir, assez clairement, qu'ils ne peuvent pas appartenir à cette classe de mots, puisqu'ils ne font pas les fonctions de ceux qui y sont duement rangés ? —— Se seroit-on trouvé embarrassé à placer les termes François qui désignent des *nombres cardinaux* dans la classe des *parties du discours* qui leur convient, et les auroit-on changés et rechangés, comme on a fait, en les mettant toujours dans

---

(1) C'est une règle absolue, universelle et invariable dans toutes les Sciences, et une règle de laquelle rien au monde ne sauroit nous autoriser à nous écarter, que *toute dénomination doit être la définition du mot, ou de la chose à laquelle on l'applique.*

toutes celles qui ne leur appartiennent pas, et jamais dans la leur propre? —— Ceux qui veulent qu'il y ait des *articles* dans la *Langue Françoise*, à l'instar de celle des Grecs, n'en auroient-ils reconnu que deux, et n'auroient-ils accordé ce tître qu'aux seuls mots *le*, *la*, *les*, et *un*, *une*; tandis qu'ils en ont exclu une infinité d'AUTRES qui en font réellement la fonction, pour les ranger dans d'autres classes auxquelles ils ne sauroient appartenir?

Auroit-on-eu l'absurdité d'introduire des termes indéclinables parmi ces parties déclinables, et d'offrir ainsi, en insérant les prépôsitions *de* et *à* dans cette classe, une contradiction aussi manifeste dans une seule et même Langue? —— Auroit-on eu encore la folie d'affirmer que les *substantifs* de la *Langue Françoise* ne se déclinent point sans *articles*, et ne sauroient absolument s'en passer? Tandis que cette prétendue inséparabilité de *l'article* est si fort suppôsée, et absolument si fausse, qu'il est de fait qu'il se rencontre autant de circonstances où nos substantifs se montrent SANS *articles* dans nos phrases, qu'il en est où ils s'en trouvent accompagnés (1). —— Trompé par le Latin, n'auroit-on trouvé que *cinq modes* dans nos verbes, parce qu'on ne voit que *ces cinq Modes-là* qui aient une forme ou terminaison particulière pour les désigner, tandis que nous en avons *trois* autres que nous formons comme les Anglois

---

(1) En effet, tout *article* quelconque affecte le substantif auquel il est joint, de manière à modifier l'idée principale et intrinsèque qu'il présente par une idée accessoire, distincte et séparée. Or, si cela est, tout substantif doit donc comporter primordialement et originairement une idée qui lui est propre & personnelle, laquelle doit être simple, pure et destituée de toute affection ou modification. Donc, il seroit absurde de croire que, dans un langage quelconque, il se trouvât une certaine classe de mots qui ne pussent jamais être usités, dans le sens pur, naturel et primitif de leur création.... &c, &c. On sent assez les suites et les conséquences de ce raisonnement, sans qu'il soit besoin de le pousser plus loin.

forment *tous* les leurs, et même *tous leurs tems,* c'est-à-dire,
par le moïen d'auxiliaires seulement? —— Enfin, s'imagineroit-
on que, parce que la première Langue dont on s'est occupé
dans son enfance, comme la Grecque ou la Latine, a des
*articles,* et des *noms* qui se déclinent; des *pronoms* et des
*adjectifs* qui s'accordent en genre, en nombre et en cas; des
*verbes* qui se conjuguent par modes, par tems et par personnes;
des *prépôsitions,* des *adverbes,* &c, &c. S'imagineroit-on, dis-
je, qu'il faut rencontrer toutes ces mêmes choses dans sa propre
Langue, et que le mot moderne, par le moïen duquel on y rend
celui de l'ancienne, doit absolument et nécessairement être
de la même qualité, et se ranger dans la même classe? —— Ne
devroit-on pas commencer par savoir, et tout Philosophe ne
le sentira-t-il et ne l'avouera-t-il pas, qu'on peut bien parler,
même avec beaucoup de force et d'énergie, sans autre secours
que celui des *articles* et des *noms,* fussent-ils tous deux
indéclinables; des *adverbes* et des *conjonctions;* des *participes*
et UN SEUL VERBE, fût-il même réduit à une seule terminaison,
laquelle seroit indubitablement alors celle qui exprimeroit son
idée simple, primitive et originale, destituée de tout accessoire
quelconque, comme de mode, de tems et de personne; enfin
ce qu'on connoît à l'École par la dénomination d'INFINITIF?
——Ne devroit-on pas avoir déjà découvert, depuis long-tems,
après avoir tant compôsé, tant lu et tant étudié de Grammaires,
et d'un si grand nombre de Langues, qu'il n'est plus besoin de
cas dans les noms, ni de varier leurs désinences pour en établir,
afin de caractériser les différentes espèces de rapports qu'ils
peuvent avoir entr'eux, tant qu'il se trouvera une quantité
suffisante de ce qu'on appelle *prépôsitions* pour remplir cet
objet? Que d'ailleurs, ces rapports étant fixes et déterminés
dans la Nature, leur nombre ne sauroit être plus ou moins

grand dans une Langue que dans une autre : conséquemment, qu'où les *prépôsitions* manqueroient, on pourroit les remplacer par des *désinences* dans les noms, dont alors il faudroit indubitablement une quantité aussi grande qu'il existe de rapports possibles entre les êtres : mais, que des *désinences* et des *prépôsitions*, tout-ensemble, dans la même Langue, comme en Grec &. en Latin, c'eſt ce qu'on devroit regarder comme un abus de ressources et comme un double emploi véritable, &c, &c ? —— Tout Philosophe ne conviendroit-il pas encore qu'on peut parler, c'est-à-dire, former des phrases et rendre des pensées complettes et parfaites, par le moïen d'UN SEUL VERBE et d'autant de *participes* qu'il y a d'actions et de sensations possibles : et que, quant aux *modes*, ils peuvent se désigner, aussi-bien que les tems, d'une manière très-claire, très-exacte et très-précise par une quantité suffisante d'*adverbes* ? —— Que les *adjectifs*, tels qu'on les connoît aujourd'hui, ne sont point une *partie du discours*, puisqu'ils ne sont réellement qu'un nom substantif gouverné par une *prépôsition* convenable à l'idée qu'il doit exciter, mais revêtu d'une telle *terminaison*, ou forme finale, que celle-ci lui tient lieu de la prépôsition requise, et l'implique toujours ; puisque, dans tous les cas, on peut décompôser cet *adjectif*, et le réduire à ses élémens, quelquefois aussi fréquemment usités (1), pour le moins, que lui-même ? — Qu'entre *prépôsitions* et *conjonctions*, la *Métaphysique* ne doit reconnoître aucune différence, puisqu'il n'y en a point dans leurs fonctions ? Que les mots désignés par le terme *prépôsition*, sont mal nommés, puisque cette dénomination n'indique autre chose que la place seulement qu'ils occupent dans le discours, et ne présente pas, suivant la règle (2), la définition de leurs

(1) Voïez, sur ce sujet, ma traduction de la Grammaire Angloise du Docteur LOWTH, chez BARROIS, le jeune, pag. 42, 43, 44 et 45, note.

(2) Voïez ci-devant page 6.

fonctions ? Que le nom de *conjonctions* leur convient bien mieux, et qu'elles sont véritablement telles, et de fait et de droit, aussi bien que les autres mots connus sous cette dernière et juste dénomination : mais, qu'elles sont des *conjonctions* d'un *ordre inférieur,* tandis que les autres sont des *conjonctions* d'un *ordre supérieur;* celles-ci étant chargées de désigner les rapports qui se trouvent entre des idées compliquées, tandis que la fonction des autres est de ne désigner que les rapports qui se rencontrent entre des choses, des noms simples ou des individus, &c.—Enfin, le Philosophe, écrivant sur la Grammaire particulière d'une Langue quelconque, pourroit-il manquer d'avoir soin de distinguer, par le moïen des principes généraux de la *Grammaire universelle,* ce qui est de *nécessité stricte,* *absolue,* et *indispensable* dans une Langue, d'avec ce qui est seulement de *luxe* et d'*abondance.* Alors, ne verroit-il pas avec plaisir que *telle* Langue est réduite, en *tel* ou *tel cas,* à ce qui est de stricte et indispensable nécessité, tandis que *telle autre* brille avec toute la richesse, et tout le luxe possibles, et même desirables, dans ce même cas : quoique, dans d'autres circonstances, elle se trouve peut-être elle-même réduite à se servir aussi de moïens semblables à ceux de sa rivale?——Avec de telles, ou semblables observations, toutes les fois qu'on voudroit bien se donner la peine d'en faire usage, on ne se tromperoit plus en matière de *Grammaire :* les règles en deviendroient sûres, unes, invariables; et on seroit bientôt convaincu qu'elles ne peuvent jamais admettre d'exceptions, parce qu'il ne peut y avoir qu'une marche, aussi solide et aussi fixe qu'unique, dans les Langues comme dans la Nature, et que chaque Langue a la sienne propre, qu'il faut connoître pour en parler; et, pour la connoître, il faut la chercher.

Tout

Tout cela une fois bien établi, bien prouvé et reçu, quelle Hydre d'absurdités ne doivent donc pas présenter aux ieux du Philosophe des Grammaires de Langues étrangères ou mortes, fondées sur des combinaisons et des conjectures, toutes d'autant plus mal vues, qu'elles ne sont fondées sur aucun fait connu et avéré, et qu'elles ne sont écrites que par des étrangers, ou des modernes, qui n'ont pas encore la plus petite idée de la leur propre, et qui en regarderoient même la connoissance et l'étude, sinon comme tout-à-fait impossibles à cause de sa prétendue fluctuation, au-moins comme beaucoup trop difficiles, et peut être même comme fort au-dessous et indignes d'eux ? Mais, le mal général est qu'on ne veut jamais convenir d'ignorer la Grammaire de sa Langue maternelle, sur-tout SI L'ON A EU LE MALHEUR d'étudier, ne fût-ce que le Rudiment de la Langue Latine, à plus forte raison *quand on a fait*, ce qui s'appelle dans le monde, et en termes vulgaires, *toutes ses études*. Car, c'est alors que toutes les Académies de l'Univers ne parviendroient pas à persuader un tel Être, qu'il peut être coupable de la moindre faute, contre la Grammaire, dans sa Langue maternelle ; et, l'on ne voit cependant que cela tous les jours.

C'est donc à ce préjugé terrible qu'est dû notre manque absolu de GRAMMAIRES FRANÇOISES, quoique nous ayions bien des Livres imprimés, sous ce titre fastueux, depuis un ou deux siècles. — A Dieu ne plaise, cependant, que nous prétendions envelopper indifféremment dans cette négative générale, *quelques* Ouvrages lumineux, publiés depuis un petit nombre d'années, dans lesquels on voit avec plaisir que le masque impôsant, dont l'ERREUR s'étoit toujours parée jusqu'alors, a réellement beaucoup souffert par les attaques violentes qu'on lui a portées. Mais, quoiqu'on doive convenir que ces mêmes attaques qu'il a déjà éprouvées, la laissent appercevoir en beaucoup d'endroits, il n'est pas moins vrai qu'elle n'est pourtant pas encore découverte tout - entière. Cependant, nous serions très - fâchés d'être accusés d'un aveuglement assez considérable, pour ne pas reconnoître les services que, dans ce siècle éclairé, ont cherché à nous rendre des Auteurs respectables, sur qui, sans les avoir encore totalement dégagés du préjugé de leurs pères, il est visible que la Vérité ne laissoit pas d'avoir déjà réellement fait quelque impression, et pour ne pas pressentir, en même tems, ceux qu'ils auroient pu, et qu'ils étoient même dignes de nous rendre, s'ils eussent ôsé les secouer tout-à-fait. —— Mais, tel est l'effet d'une vaste érudition : quand on a beaucoup lu, et des Ouvrages, sur-tout, dont le titre, aussi-bien que le nom de ceux qui les ont écrits, ont été révérés pendant une longue suite d'années, on n'*ôse* pas s'élever contr'eux, et l'on aime mieux avoir la modestie d'étouffer des idées qui, mises au jour, auroient peut - être enlevé les suffrages de tous ses contemporains, que d'entrer en lice avec tant de personnages accrédités, et de se trouver ainsi seul contre tous.

Et voilà comme, telle qu'une image dans des glaces multipliées, l'Erreur se soutient et se répète, à l'abri de la timidité et de la modestie de ses adversaires: tandis que la Vérité, isolée, trouve à peine un Prosélyte qui ôse, dans le silence de sa conscience, lui brûler un peu d'encens, encore moins s'expôser, pour l'annoncer et la défendre publiquement, comme son Champion.

Dans cet état des choses, il faut donc convenir qu'une érudition circonscrite et modérée, dans un Écrivain capable de sentir, et de réfléchir sur ce qu'il sent, est en tout tems préférable à une connoissance étendue et parfaite de la foule d'Auteurs, respectables ou non, qui ont pu écrire sur une matière naturellement sujette à discussion ; et, qu'autrement, il faudroit plus de témérité que de sagesse dans quiconque ôseroit, avec une telle connoissance, s'élever de plein vol, et sans précaution, contre tout ce qui auroit été dit avant lui.

Sur ce pied-là, il n'est donc pas difficile de concevoir que l'OUVRAGE que nous annonçons actuellement au PUBLIC, doit être sans contredit *le meilleur* ou *le plus mauvais* qui ait encore paru sur la LANGUE FRANÇOISE: car, l'Auteur, quoique FRANÇOIS de sang et de naissance, n'aïant encore jamais *lu* aucune GRAMMAIRE de sa Langue, jusqu'en 1759, lorsqu'il commença à voïager, déclare n'avoir encore aujourd'hui que *parcouru* seulement celles de l'Abbé GIRARD et de *Restaut*, sans s'être attaché à aucune des deux, quoiqu'il soit plein d'estime pour la première : d'où il résulte que, par ses principes et par sa manière d'envisager la marche de la LANGUE FRANÇOISE, il est presque toujours en contradiction avec toutes les *Grammaires* que nous connoissons. —— Or, c'est un axiôme en Philosophie, que de deux propôsitions contradictoires, l'une doit être absolument fausse et l'autre absolument vraie. En ce cas, qui, de notre Auteur ou de ses prédécesseurs, a tort ou raison, c'est ce que le PUBLIC va bientôt être en état de décider, et, sur quoi, (comme dit l'ACADÉMIE FRANÇOISE elle-même, lorsqu'elle parle en Corps) il n'appartient qu'à LUI ( 1 ) de prononcer. —— Après tout, voici cependant à quoi pourroit, ce semble, se réduire le TABLEAU général, et des OPÉRATIONS qui étoient à faire et de celles que l'on a faites.

Jusqu'à présent, la LANGUE FRANÇOISE avoit paru à tous ceux qui s'étoient présentés pour en expliquer les *Principes*, telle qu'une MONTAGNE aride et escarpée au pied de laquelle sembloient se présenter les difficultés en foule, et réunies comme en un seul faisceau. Il ne s'agissoit cependant pas moins que de

---

( 1 ) Voïez ci-après la Lettre de M. D'ALEMBERT à l'Auteur.

porter ce fardeau au haut de la MONTAGNE : mais, sa pésanteur avoit si bien rebuté ceux qui s'étoient offerts pour l'y porter, qu'ils y avoient *tous* successivement renoncé. Tous, sembloient même s'être donné le mot pour ne s'occuper plus qu'à décrier la malheureuse MONTAGNE, sans en comprendre les dimensions. TOUS, enfin, s'efforçoient ( 1 ) d'en élever une autre à leur guise, d'un accès soi-disant plus facile, qu'ils construisoient chacun suivant leur caprice, et qu'ils compôsoient de matériaux aussi hétérogènes que mal assortis, par le moïen de systèmes monstrueux qui ne pouvoient se soutenir, et qu'ils tâchoient pourtant d'établir et de défendre de leur mieux. —— Est-ce-là ce qu'on auroit dû faire? —— Est-ce à la MONTAGNE qu'il falloit s'en prendre? —— Non. —— Aussi, notre Auteur frappé, au contraire, du principe que la NATURE ne peut errer, et que le LANGAGE de l'HOMME est une production de la NATURE, puisqu'il est le double résultat de l'*organisation* et des *sensations* de cet ANIMAL, respectant l'état actuel du *langage* dont il cherchoit à développer la compôsition, s'est présenté, comme les autres, au pied de la MONTAGNE. Mais, après en avoir bien considéré la forme, la structure, et les dimensions, il a pris le SEUL parti qui étoit à prendre : il a divisé le faisceau des difficultés, *en en* DÉNOUANT *le cordon, non pas en le* ROMPANT ; et, les saisissant ensuite *seule-à-seule,* il a pris la peine de les porter, les unes après les autres, sur le sommet de la MONTAGNE avec une patience, un courage et une constance, dont il n'y avoit peut-être que lui qui fût capable.

Le fruit d'un travail aussi pénible a été de découvrir, enfin, l'économie admirable qui règne dans le systême de la LANGUE FRANÇOISE, tant à l'égard de son *matériel,* c'est-à-dire, de sa prononciation, et de la combinaison des lettres qu'elle emploie

---

( 1 ) Comme MM. ADANSON, DUCLOS, WAILLY, et quelques autres.

dans son Oʀᴛʜᴏɢʀᴀᴘʜᴇ, qu'à l'égard de son *métaphysique*, ou *idiômatique*, c'est-à dire, de sa Sʏɴᴛᴀxᴇ et de la construction de ses *Phrases*. —— Et le *fruit* de cette découverte a été, à son tour, d'ᴀᴅᴍɪʀᴇʀ la beauté, l'ordre et l'uniformité invariables qui y dominent par-tout. Mérite que, jusqu'à ce moment-là, on ne lui avoit guères soupçonné; et qu'on avoit, au contraire, pris des peines infinies à lui refuser.

C'est alors que l'Auteur a eu la satisfaction de se convaincre de ᴅᴇᴜx ᴠéʀɪᴛés, bien extraordinaires, il est vrai, mais aussi bien essentielles, et bien intéressantes, pour tous les Fʀᴀɴçᴏɪs. —— La *première*, que cette Lᴀɴɢᴜᴇ si décriée, si injuriée par ceux mêmes qui, par état, sont le plus obligés à la défendre, n'offre dans son Oʀᴛʜᴏɢʀᴀᴘʜᴇ qu'une combinaison *mathématique* aussi sûre qu'une *propôsition* d'Eᴜᴄʟɪᴅᴇ : et que toute cette prétendue rédondance de *lettres* dont on l'accuse de faire usage, sans nécessité, dans certains mots où l'on veut ( avec raison ) qu'elles ne se prononcent point, ne vient que de l'ignorance où ces *Savans* Linguistes sont des ᴠᴇʀᴛᴜs *érectives* et *destructives* dont, en fait de Pᴜɪssᴀɴᴄᴇs Oʀᴀʟᴇs, les Lᴇᴛᴛʀᴇs Fʀᴀɴçᴏɪsᴇs sont respectivement douées, suivant les différentes pôsitions dans lesquelles elles se trouvent les unes à l'égard des autres : lesquelles *pôsitions*, (ou *combinaisons*, comme on voudra les appeller), sont toujours fixes et déterminées, et, dans les mêmes cas, produisent toujours les mêmes effets, invariablement, et sans aucune exception. Pʀᴇᴍɪèʀᴇ ᴠéʀɪᴛé dont la découverte est, sans doute, assez belle.

La *seconde*, que dans son *étymologie*, ou sa dérivation, d'où procèdent ses *Noms*, ses *Verbes*, ses *Adjectifs*, &c, elle suit, malgré l'opinion de tous ceux qui se sont mêlés d'en traiter, la marche la plus régulière; comme elle observe aussi le procédé le plus conforme à la plus saine *Philosophie* et à la *Métaphysique* la plus pure, dans la construction de ses *Phrases* simples, aussi bien que dans la combinaison des plus compliquées.—VÉRITÉ, pour le moins, aussi précieuse que la *première.* VÉRITÉ que l'Auteur a prouvé jouir du plus grand éclat dans la LANGUE FRANÇOISE; et que les aveugles *Champions* du PARADOXE absurde *USUS TYRANNUS LINGUARUM,* n'ont jamais voulu reconnoître dans *aucune* Langue, et encore moins dans la nôtre.

D'après ce que nous venons de dire, il semble qu'il ne devroit plus nous rester qu'à passer aux CONDITIONS de la SOUSCRIPTION propôsée, et, peut-être, nous en tiendrions-nous là en effet, si, après avoir excité, comme nous venons de le faire, la curiosité du PUBLIC par des promesses aussi flateuses, nous ne nous croyions en même tems obligés, de le mettre à portée, par des exemples tirés de l'Ouvrage en question, d'appercevoir, et de juger par lui-même, jusqu'à quel point il peut espérer de voir son attente remplie; et si nous n'étions aussi jaloux que nous le sommes d'obtenir par ce moïen, en faveur de notre Auteur, l'estime et la confiance de ce même PUBLIC, auquel nous entreprenons de le faire connoître, et duquel dépend aujourd'hui sa réputation et le succès de son travail. C'est pourquoi nous avons pensé que c'étoit ici le lieu de donner quelques *Extraits* des preuves qu'il rapporte pour confirmer ce que nous venons d'avancer plus haut, d'après lui, à l'égard de la régularité, jusqu'à présent inconnue, de la LANGUE FRANÇOISE. En voici donc quelques-unes par le moïen desquelles on pourra juger du prix des autres et du PLAN de l'OUVRAGE. —— Pour les entendre, il faut seulement se souvenir que le PRINCIPE GÉNÉRAL d'où part l'Auteur, est que, « dans la combinaison de son ORTHOGRAPHE, aussi bien » que par-tout ailleurs, la LANGUE FRANÇOISE a fait usage de » la *meilleure méthode possible;* que tout y est bien et d'accord; » et que toute autre méthode eût été mauvaise, c'est-à-dire, » inconséquente et contradictoire ».

# *EXTRAIT*

De quelques passages de l'A*natomie* de la L*angue* F*rançoise*.

## *De l'O*rthographe* et de la P*rononciation*.*

I. G se prononce *dur*, ( ou comme le *Ke* foible) devant *a*, *o*, *u*; et *doux* ou (comme le *Je*) devant *e* & *i*. Or, *dur* est à *doux* comme *plus* à *moins*; et *doux* est à *dur*, comme *moins* à *plus*.— Lors donc que, pour former le substantif abstrait qui doit comporter l'effet résultant d'une *action performée*, vous changez la dernière syllabe de l'infinitif d'un verbe en *ure*, comme *pel*ure de *peler*, *tourn*ure de *tourner* &c; et que vous venez à faire la même opération au verbe *gager*, vous perdriez le sens et l'étymologie du mot si vous écriviez *gag*ure, parce que c'est une règle invariable dans toutes les Langues, que le sens des dérivés git dans la *Puissance orale* réprésentée par la *consonne* qui précède immédiatement la dernière syllabe de la racine, et qui fait partie de cette syllabe. Or, si la prononciation de cette consonne étoit changée, ce ne seroit donc plus la même *Puissance*; et, si la *Puissance* n'est plus la même, le sens du *dérivé* n'est plus le même, que celui de la *Racine*; en un mot, ce n'est plus le *dérivé* de cette *Racine*-là. Par conséquent, pour conserver la prononciation du *g*, ou la même *Puissance*, dans le mot *gag*ure comme dans sa *Racine gager*, un *e* est introduit entre le second *g* du *dérivé* et la syllabe substituée *ure*; ce qui fait g *moins* e (devant *u*) ＝*j* ou *g-doux*.— Alors, on voit tout d'un coup disparoître la prétendue diphthongue *e-u* de ces Grammairiens *matérialistes*, qui ont pris à tâche d'en rassembler un si grand nombre dans la L*angue* F*rançoise*.— C'est ainsi, par conséquent, qu'on doit expliquer l'*u* après le *g* dans *narguer*; lequel n'est là que comme g *plus* u ( devant *e* )＝g-*dur* ou K*e-foible*.— Ainsi s'explique l'*o* de *cœur*; lequel *o* appartient au *c* non à l'*e* : car dans *cœur*, l'*e* & l'*u* vont ensemble, au lieu de l'*o* latin; et l'*o* que nous introduisons là, est au *c* un signe de *durcification*, ( *si dicere fas est* ) comme l'*u* l'est à la même figure *c* dans *cueillir*, et au *g* dans les mots *narguer*, *élaguer*, *distinguer*, &c, &c.— Ne sont-ce pas là de véritables combinaisons *mathématiques*? Passons à un autre exemple.

II. Tout *e* final, dans un monosyllabe, comme dans *ce*, *me*, *ne*, *te*, *se*, *le*, &c, est obscur. A cet *e*, ajoutez pour *terminative* une des consonnes *c*, *t*, *r*, *l*, &c, et vous le rendrez ou *grave-fermé* ou *grave-ouvert* par pôsition : il sera *grave-fermé* si, comme dans *net*, *sel*, &c, la *terminative* est *masculine*, c'est-à-dire, non accompagnée d'un autre *e* muet ; il sera *grave-ouvert*, si cette *terminative* est *féminine*, c'est-à-dire, accompagnée d'un *e* muet, comme dans *tête*, *fête*, *zèle*, &c.——La règle est donc que toute *terminative* de la classe de celles ci-dessus citées, ajoutée à un *e* naturellement obscur, a un *pouvoir rétroactif* de gravité sur cet *e*, plus ou moins grand, suivant que cette *terminative* est ou *masculine* ou *féminine*. Et, à l'appui de cette règle on cite *fer*, *ver*, *net*, *pet*, *sel*, *tel*, et mille autres où tous les *e* sont *graves-fermés*, parce que leurs *terminatives* sont *masculines*, et l'on cite encore *chéne*, *scène*, *fête*, *tête*, *père*, *mère*, *zèle*, *poèle*, &c, où tous les *e* sont *graves-ouverts*, parce que leurs *terminatives* sont *féminines*.——De ce principe on seroit tenté d'inférer que, dans la L·ANGUE FRANÇOISE, on ne sauroit trouver le son obscur, (ainsi qu'il existe dans *te*) suivi d'une *terminative masculine* ou *féminine*. Et, cependant, l'oreille en offriroit tous les jours des exemples à un homme né aveugle. Comment donc, en ce cas, peut-on les exprimer sur le papier de façon à ne se pas tromper en lisant ? Le voici. C'est en plaçant un *u* entre l'*e* et la *terminative*, soit *masculine* ou *féminine* ; comme dans une écurie (qu'on nous pardonne ici la comparaison triviale, mais énergique et frappante) on mettroit une planche entre deux chevaux hargneux, dont l'un auroit l'habitude de ruer et de donner des coups de pied à l'autre. Alors, cet *u*, par son intermission, empêchera l'action rétrograde de la *terminative* sur l'*e* ; et, par ce moïen, lui permettra de conserver son son obscur, aussi pur qu'avant l'addition de celle-ci.——Ainsi *se* est *se* ; mais, si vous ajoutez *l*, il devient *grave-fermé*, et vous dites *sel*. Voulez-vous conserver *e* comme dans *se* en dépit de *l*? Mettez un *u* entre deux, et vous direz *seul*, comme si vous ajoutiez (seulement pour l'oreille) la *terminative masculine* au son obscur *se*. Ainsi fait-on de *pet*, *peut* ; de *met*, *meut* ; de *tromper*, *trompeur* ; de *voler*, *voleur* ; de *chanter*, *chanteur*, &c, &c, Et voilà encore une autre espèce de nos prétendues diphthongues détruite ; car cet *e-u* n'est pas de la même nature que le précédent.——Il faut dire ici en passant que, dans le cours de son Ouvrage, notre Auteur a détruit toutes les diphthongues d'une manière aussi claire et aussi puissante que celles-ci ; et qu'il n'en reconnoît aucune, ni dans la prononciation, ni dans l'orthographe de la LANGUE FRANÇOISE. Passons donc encore à un autre exemple de la combinaison *mathématique* des *lettres* de *l'alphabet* de cette Langue.

III.

III. La syllabe EN est encore une des grandes difficultés sur lesquelles on fonde la prétendue instabilité de la LANGUE FRANÇOISE. Tantôt, dit-on, *e-n* se prononce *in*, et tantôt il se prononce *an*. Comment peut-on deviner la *Puissance* dont *e-n* est revêtu sans une grande habitude? Le voici.——D'abord, le premier pas que l'on doit faire est de s'assurer de la *Puissance naturelle* d'*e-n*; car, ce sera cette *Puissance*-là dont il jouira le plus souvent dans la LANGUE; et il ne prendra l'autre, que dans des cas qui, étant toujours les mêmes et invariables, deviendront dès-là des *principes*, et ne pourront être regardés comme des irrégularités ou des exceptions. Or, pour la trouver, cette *Puissance naturelle* d'*e-n*, il faut la chercher où ces deux lettres se rencontreront le moins accompagnées d'autres lettres accessoires. Certainement, il n'en est point où elles soient plus isolées que lorsqu'elles forment elles-mêmes, et toutes seules, un sens pur et entier dans la *Langue*, et qu'elles nous présentent une prépôsition. C'est-là, sans doute, que doit se trouver le son véritable, et la *Puissance naturelle* dont *e n* doit être revêtu en *François*; et, en le consultant, on trouve que c'est *an*.—— Cela étant établi, il ne s'agit plus que de savoir comment on connoîtra quand *e-n* prend la *Puissance*, ou le son *in*. Toutes les fois, vous dira-t-on, qu'*e-n* sera final, sans être suivi d'une consonne, comme dans *examen*, ou que, même suivi d'une consonne, il sera précédé d'une des voïelles *a*, *e*, *i*, *o*, *u*, il sera toujours *in* et non pas *an*.——Donc on n'a plus besoin de l'accent perpendiculaire, dont certains Auteurs ont voulu faire usage pour fixer la prononciation des mots *mien*, *tien*, *sien*, *chien*, *lien*, *vient*, *tient*, *tiendra*, *viendra*, &c, &c. ——Donc on ne doit plus hésiter dans la prononciation des mots *Européen*, *Cananéen*, &c; et il est clair que ce ne peut être *Européan*, *Cananéan*.--Mais, direz-vous, je trouve *client*, *patient*, & quelques autres mots semblables, où cette règle n'a pas lieu, puisqu'on les prononce *cliant*, *patiant*.——Il est vrai, mais, c'est l'effet d'une règle plus forte que la dernière, qui veut que tout *adjectif* ou *substantif* François, venant du Latin *ens*, -*entis*, comme *pru-dens*, -*entis*, soit prononcé *ant*, de la même manière que ceux qui viennent d'*ans*, -*antis*, (*v. g. cons-tans*, -*antis*,) et par affinité de sens et de raison avec eux. Alors, *client*, *patient*, *Orient*, &c, venant de *cliens*, *patiens*, *Oriens*, doivent, en dépit de l'*i* qui précède leur *e-n-t*, se prononcer en *ant*, parce que le sens du mot l'emporte sur la forme, et qu'il y en a d'autres en Latin, qui, comme *parens*, n'ont point d'*i*, et dont les dérivés françois se prononceroient, faute de cet *i*, comme ceux de la première règle; cacophonie que la Raison et la Philosophie, qui se trouvent naturellement répandues dans la marche & dans la compôsition de la Langue Françoise, ne pourroient admet e. Le sens l'a donc à juste tître, emporté ici sur la forme technique; et cela n'est, ni ne peut être, regardé comme une exception..........

Nous nous en tiendrons à ce peu d'exemples, pour justifier l'assertion de notre Auteur à l'égard de la *première* Vérité, c'est-à-dire, des Vertus *érectives* et *destructives*, quant aux *Puissances orales*, dont les *lettres* de l'alphabet se trouvent respectivement revêtues dans l'emploi qu'on en a fait pour peindre les sons, et rendre les mots de la Langue Françoise. Et ce peu d'exemples suffira, sans doute, à un Lecteur pénétrant, pour juger de ceux que les bornes d'un Prospectus ne nous permettent pas d'introduire ici.

Passons à la *seconde* Vérité, que « dans son étymologie, ou sa dérivation, » d'où procèdent ses *noms*, ses *verbes*, ses *adjectifs*, &c, la Langue Fran- » çoise suit la marche la plus régulière.— Ce principe pôsé, l'Auteur nie qu'il y ait un seul verbe irrégulier dans notre Langue; ou bien, il veut que l'on regarde comme irréguliers tous ceux, sans exception, qui ne sont pas de la première conjugaison; attendu qu'il prouve, comme cinq & quatre font neuf, qu'il n'est point de verbe qui n'en ait été autrefois; et, pour s'en convaincre, il donne même une règle infaillible qui sert à retrouver leur ancien infinitif, et que voici. C'eſt de changer la terminaison *a-n-t* de tout verbe quelconque en *e-r*. Ensuite, pour appuïer encore mieux ce système, il produit le verbe *cueillir* de la seconde conjugaison, et démontre qu'il est un de ces *déserteurs* qui n'a pas encore eu le tems de se défaire de tout son uniforme, et qui en porte encore les revers & les boutons. En effet, quoi-qu'on dise aujourd'hui *cueillir*, *cueillant*, *cueilli*, qui est l'uniforme de la seconde conjugaison; on dit cependant *je cueille*, *tu cueilles*, *il cueille*, et *je cueillerois*, &c, avec *je cueillerai*, &c, qui sont les restes de l'uniforme qu'il a porté avant sa désertion; car, dans la première conjugaison, le présent de l'indicatif singulier se forme toujours de l'infinitif: en rejettant seulement la *terminative masculine* r; et le conditionel avec le futur se forment aussi tous les deux de ce même infinitif, mais, en ajoutant à la *terminative*, *o-i s* pour le premier, et *a-i* pour le second. Or, si à un infinitif quelconque, par plus *o-i-s* ou *a-i*, vous trouvez le *conditionel* ou le *futur* de ce verbe, il faut, en raison inverse, que, de ces mêmes *conditionel* ou *futur*, par moins *o-i-s* ou *a-i*, vous retrouviez son infinitif: et c'est ce qui arrivera au verbe *cueillir*.

En appliquant cette opération à son *conditionel* et à son *futur* d'usage actuel ;
il restera *cueiller*, qui est bien un infinitif de la première conjugaison ; et de
ce même infinitif, en retranchant l₂ *terminative*, il restera *cueille*, qui est
son présent de l'indicatif, aussi d'usage actuel. Donc il a, comme on voit,
appartenu à la première conjugaison. Qu'on examine même encore *offrir*,
*souffrir*, *ouvrir* et *couvrir*, ne trouvera-t-on pas qu'ils font leur *présent* de
*l'indicatif* singulier en *e* muet, ( *j'offre*, *je souffre j'ouvre*, *je couvre* ) comme
s'ils venoient d'*offrer*, *souffrer*, *ouvrer* et *couvrer* ? Or, changez l'*a-n-t* de leur
*circonstanciel* en *e-r*, ne trouverez-vous pas *ce même ancien infinitif*, dont, en
retranchant la *terminative* r, il restera *ces mêmes présents* de *l'indicatif* singulier
d'usage actuel ? Quelle preuve plus convaincante veut-on donc de l'assertion
de l'Auteur, que, " tous les verbes de la LANGUE FRANÇOISE, dont on fait
» aujourd'hui tant de prétendues conjugaisons par *seconde*, *troisième*, &c,
» ont indubitablement été autrefois de la première ; et que leur irrégularité,
» s'il en existe chez eux, se trouve précisément à l'endroit où, par un
» aveuglement inconcevable, on s'en doutoit le moins, dans leur *infinitif*
» même ? » Si ce n'est celle qui résulte de l'examen candide et ingénu de ceux
de nos verbes, qui, comme les cinq qu'on vient de citer, portent encore
aujourd'hui les deux uniformes ?—Or, tous les verbes de la LANGUE FRAN-
ÇOISE qui ne portent plus aujourd'hui l'uniforme de la première conjugaison,
et qui en ont même perdu toutes les marques possibles, ont été dans le cas de
ceux-ci, & l'ont indubitablement porté autrefois. Les preuves données de
cette désertion à chaque verbe sont immenses, et ne sauroient conséquemment, à cause de leur longueur, être rapportées ici. Tout ce que nous pouvons
faire, en attendant que l'Ouvrage paroisse, c'est de donner au Lecteur la
règle seulement dont nous venons de parler, qui est de changer l'*a-n-t* de tout
verbe François en *e-r*. Et, en l'appliquant au verbe *cueillir*, on retrouvera
encore *cueiller*, ce qui est une double preuve de ce que nous avons déjà dit
à son égard. Or, en soumettant à cette règle tous les autres verbes de la LANGUE
FRANÇOISE, on verra, comme nous venons de le dire, que l'irrégularité des
verbes est toujours précisément dans la partie où l'on s'en doutoit le moins
( leur infinitif ), puisque c'est par-là qu'on les classoit, et qu'on établissoit des
conjugaisons factices qui n'ont jamais existé. Aussi, combien n'est-il point
dérivé d'erreurs de celle-là seule ! C'est un hydre effroïable quand on y pense !
Mais, comme ces déviations de la première conjugaison, ne sont arrivées
que dans des cas d'une certaine nature ; lors, par exemple, qu'il y avoit de

certaines concomitances de *Puissances orales* , douées par une espèce d'attraction mutuelle , d'une tendance réciproque à cohésion , comme dans *batter* ; *perder* , *morder* , et tant d'autres de la même espèce , d'où sont venus *battre* , *perdre* , *mordre* ; et, comme on peut toujours rendre compte de ces événemens, et prouver que cela ne se rencontre jamais dans la Langue Françoise ( non plus que dans aucune des Langues qui ont existé et qui existent encore sur la terre) que dans les mots, (verbes ou non) qui, par le sens qu'ils comportent, doivent se trouver mille fois par jour dans la bouche du *Gagne denier* aussi-bien que dans celle du *Prince* ; et que cela n'arrive, ni ne peut jamais arriver (dans aucune Langue ) à ceux qui ne se trouvent que dans la *Langue écrite* , quoique les mêmes *concomitances* et attractions de *Puissances orales* , s'y rencontrent comme dans les autres mots : Alors, l'Auteur prétend, avec justice, que dès qu'on peut rendre raison de ces déviations, et les réduire à des principes aussi certains et aussi invariables, il n'y a plus, et ne peut y avoir d'irrégularités.

Mourir, est encore un de ces verbes affreux, dit-on, dont l'inspection seule présente la plus grande irrégularité ; car, il faut être né en France pour savoir dans lequel de ses *tems* il prend la syllabe *e-u* , et non l'*o-u*, ou quand il reprend l'*o-u* et quitte l'*e-u*. A quoi l'Auteur répond que l'assertion est fausse. *Mourir*, dit-il , seroit un *monstre* dans la Langue Françoise, oui, un *monstre* littéralement parlant, *monstrum horrendum* , *ingens* , *nigroque simillima cygno* , s'il ne varioit pas ainsi, tantôt en *o-u* , et tantôt en *e-u*. Et l'on peut, quand on connoît le système et la marche de la Langue Françoise, savoir toujours , et sans risquer de se tromper, quoiqu'on ne soit pas né *François*, quand, à quel tems, et à quelle personne ce sera *e-u* et non pas *o-u*, et quand *o-u* et non plus *e-u*. Et voici la clef merveilleuse de ce paradoxe si étonnant pour les esprits foibles. —— C'est une Règle invariable dans notre Langue, que toutes les fois qu'elle dérive un mot du Latin , et que dans ce mot, il y a un *o*, elle change cet *o* en *o-u* ou en *e-u*. Pour preuve de quoi, l'on cite *color* et *dolor* qui ont produit *couleur* et *douleur*. Et voilà bien la preuve de la Règle. Mais, ce n'est pas tout encore. Il faut observer que la Langue Françoise place l'*e-u* dans la dernière syllabe , et jamais l'*o-u*; comme elle place l'*o-u* dans la syllabe la plus éloignée de la dernière, et jamais l'*e-u*. De cette observation il en dérive une autre qui en est une suite nécessaire, absolue, inévitable, et que voici. C'est que si l'*e-u* françois prend la dernière syllabe dans les polysyllabes , il faut de toute nécessité indispensable qu'il s'empare de tous les monosyllabes , soit naturels ou contractes, qui viendront de l'*o* latin. Pour preuve, on cite *autor, cor, hora, soror, pavor*, qui se rendent en François par *auteur, cœur, heure, sœur, peur*, où l'on voit tout à la fois des monosyllabes naturels , et d'autres tels par contraction, dont l'*o* latin est également rendu par *e-u*, et le dissyllabe *autor* qui produit *auteur* et non pas *autour*. A cela on ajoute encore une preuve de surcroît bien plus forte , et l'on cite *opus* qui se rend par deux mots François ; savoir, un de *deux*, et l'autre *d'une*, syllabes : et où l'on voit que celui de deux syllabes (*ouvrage*) prend l'*o-u*, quand son frère, (le monosyllabe *œuvre*) prend l'*e-u*. — A présent , comment peut-on trouver étonnant que MOURIR venant de MORI, prenne quelquefois l'*o-u* et quelquefois l'*e-u*? Puisque l'*e-u* ne paroît jamais que quand il est contracté en un *monosyllabe* , et que l'*o-u* revient toujours dès qu'il ne l'est plus. Concluons donc avec l'Auteur, que c'eût été un véritable *monstre* dans la Langue, s'il eût été toujours *o-u*, ou toujours *e-u* : et comparons ensuite encore les verbes *pouvoir* , *vouloir*, *mouvoir*, qui viennent de *volo, possum, moveo*, et qui prennent de même que *mourir* l'*e-u* quand ils sont contractes (*veux, peux, meux*) et l'*o-u* qnand ils ne le sont pas. — De ce que nous disons *mourrois* et *mourrai* au lieu de *mourirois* et *mourirai*, comme ceux qui ne voient jamais plus loin que ce qui est à leurs pieds voudroient que l'on dît, et dont ils font encore une autre irrégularité , l'Auteur tire une nouvelle preuve (avec les verbes *courir*, *conquérir, acquérir* et *requérir*, qui sont dans le même cas) que *mourir*, aussi bien qu'eux, a été de la première conjugaison, et le démontre irrésistiblement, en faisant toujours voir que quand les mêmes causes existent, les mêmes effets doivent en résulter; et que quoique l'orthographe ne l'admette pas dans les verbes *pleurer, dorer, gérer, insérer*, &c, &c, où la *figurative* est *r* aussi bien que la *terminative*, et que l'on écrive *pleurerois, dorerois, gérerois, insérerois*, on ne sauroit (en prose) prononcer autrement que *pleur'rois, dor'rois, ger'rois, inser'rois*, comme on écrit et prononce *mourrois*, pour *mour'rois* de *mourerois* quand il faisoit *mourer* à l'infinitif, au lieu de *mourir* actuellement d'usage. Mais cette discussion, très-profonde et très-étendue dans l'Ouvrage, et qui tient à mille et mille autres preuves de la dernière beauté, sur la marche toujours uniforme de la LANGUE FRANÇOISE, occuperoit trop de place ici : nous sommes donc obligés de nous priver de la rapporter et de glisser par dessus.

De ce que *rire* et *confire*, qui s'écrivent parfaitement de même, et qu'on ne manque pas aussi-tôt d'accoler comme étant sans doute de la même conjugaison, font l'un *riant*, et l'autre *confisant* ; nos Grammairiens matérialistes, qui s'attachent toujours à la lettre et jamais à l'esprit de la chose, veulent absolument que l'un des deux soit irrégulier ; ils croient même en avoir agi fort noblement avec vous, quand ils vous ont laissé la liberté du choix entre ces deux verbes, pour en faire un modèle de conjugaison, concluant qu'on ne sauroit alors nier l'irrégularité de l'autre, puisqu'il ne suit pas son modèle. Et notre Auteur, au contraire, affirme qu'ils sont tous deux très-réguliers : que l'absurdité est du côté de ceux qui les comparent l'un à l'autre, et qu'ils ne doivent pas l'être. Qu'en admettant qu'on doive les comparer à quelque chose, ce qui est juste, il faut que ce soit à leur cause et à leur principe ; et qu'ils en ont chacun un (*principe*) auquel ils sont on ne peut pas plus fidèles, comme tous les autres mots (verbes ou non) de la Langue Françoise. — Or, ce principe, le voici. — C'est une règle, dit-il, invariable dans notre Langue, que, quand nous tirons un mot du Latin, où il y a un *d* entre deux voïelles, nous rejettons ce *d* et faisons *ïatus :* quand, au contraire, il y a un *c* entre ces deux voïelles, nous changeons ce *c* en *se* (quant à la forme seulement) ; mais, de fait, en *ze* quant à la *Puissance*. Or, les verbes françois *envier*, *confier*, *voir*, *croire*, et *conclure*, venant de *invidere*, *confidere*, *videre*, *credere*, *concludere*, sont certainement bien la preuve de la première partie de cette règle, en conformité de laquelle *rire*, (venant de *ridere*) a eu la complaisance de perdre son *d* et de faire *riant* (non *risant*) comme ses confrères *enviant*, *confiant*, *voïant*, *croïant*, *concluant*, auxquels ces mêmes Grammairiens ne trouvent point à redire : et les verbes François, *plaire*, *faire*, *taire*, &c, étant la preuve de la seconde partie de la même règle ci-dessus, justifient sans doute également bien la conduite du verbe *confire*, (venant de *conficere*) qui n'a pas cru devoir renoncer à ses couleurs et faire *confiant*, comme son accolé *riant*, par pure complaisance pour des Grammairiens rampans, qui n'ont jamais eu la force, le courage, la volonté, ni même le simple desir de s'élever tant soit peu de terre, pour considérer dans son ensemble le terrein qu'ils vouloient décrire, la Grammaire de leur propre Langue. Qu'on jette ensuite un coup d'œil sur les mots de la Langue qui ne sont point verbes, tels qu'*envie*, d'*invidia* ; *cruel*, de *crudelis* ; *oir*, *oïant*, d'*audire*, *audiens* ; *sueur*, de *sudor*, &c, &c, &c ; et l'on trouvera que c'est un système suivi et uniforme dans la Langue Françoise, de ne conserver presque jamais le *d* latin entre deux voïelles dans les premiers dérivés françois qu'on en tire, quoique ce soit une autre règle de le reprendre bien vîte, et de le faire reparoître aussi-tôt dans les *seconds*, ou, pour mieux dire, *subdérivés* de la même Langue, & que cela doive même absólument être ainsi pour des raisons beaucoup trop longues, expliquées à fond dans l'ouvrage, mais dont nous sommes encore forcés, malgré nous, de nous abstenir de rendre compte, à cause de leur étendue.

Nous en resterons donc là, quant à ce qui regarde le méchanisme de la Langue dont nous avons donné trop peu d'exemples, sans doute, si nous ne consultons que l'envie que nous aurions de satisfaire la curiosité du Public qui auroit désiré peut-être d'être éclairci par préférence sur d'autres points qui l'auroient intéressé davantage que ceux que nous avons choisis. Mais, ne pouvant deviner ces articles, nous avons pris au hazard ceux qui se sont présentés à nous sans choix : tous (et ils sont en très-grand nombre) nous paroissent également intéressants, et, d'autant plus, qu'ils forment ensemble une chaîne indissoluble et une suite, ou un corps, de principes qui se prouvent tous réciproquement les uns les autres, et qui sont une conséquence nécessaire et indispensable les uns des autres, sans qu'on puisse en détacher, ou isoler, un seul. — Or, ce que notre Auteur trouve dans le *méchanisme*, il le trouve aussi dans le *Métaphysique* de la Langue. Même manière de voir en grand, de sa part, dans cette partie; mêmes principes, même suite, contiguité et concaténation d'idées, de règles et de raisonnement. Tout s'y prouve l'un par l'autre, tout est une suite nécessaire l'un de l'autre ; une règle en suppose une autre comme son antécédent; ou l'amenne et la produit, comme son subséquent. — Comme l'Auteur commence toujours par définir, et que dans ses définitions, il s'attache à ce qu'elles aient toutes les qualités qui constituent une bonne définition; savoir, d'embrasser tout le défini, et de ne convenir qu'à lui seul; alors, il s'ensuit que bien des mots qui se trouvoient rangés dans certaines classes autrefois, ne s'y trouvent plus aujourd'hui, & que ne s'y trouvant plus, les exceptions auxquelles ils donnoient lieu, cessent nécessairement de s'y rencontrer aussi. De cette manière, tout étant examiné avec le flambeau de la vérité en main, (la définition précise de chaque objet) il pose ce principe rigoureux, dont il ne s'écarte lui-même jamais, que *cette règle-là n'est pas la règle de la chose, à laquelle il se trouve une seule exception.* En effet, les règles de notre Auteur n'en ont pas une seule, tandis qu'autrefois il n'y avoit point de règle qui n'en fourmillât ; et l'on s'y étoit même si fort accoutumé, que, dans la société et dans la vie civile, on en avoit fait le proverbe qui subsiste aujourd'hui, qu'*il n'y a point de règle sans exception.*

Nous serions, fans doute, bien aise de donner aussi quelques exemples de toutes ces nouveautés, comme nous venons de le faire dans la partie méchanique de la Langue ; mais, il n'y en a pas une qui ne nous entraînât beaucoup plus loin que nous n'ôserions risquer d'aller à présent, vû la longueur actuelle de ce Prospectus, qui passe déjà de beaucoup toutes les bornes des Ouvrages de ce nom et de cette espèce.

Tout ce que nous ôsons nous permettre de dire à ce sujet, c'est seulement que d'après la définition stricte et rigoureuse du *nom* et du *pronom* avec leurs caractères distinctifs et constituans, mis en parallèle et en oppôsition, il se trouve, au grand étonnement du Lecteur, que les mots *moi, toi, on, soi, quoi, lui, eux*, ne sont, ni ne peuvent être des *pronoms*, parce qu'ils n'en portent aucun des caractères essentiels et indispensables ; mais qu'ils sont de véritables *noms* substantifs dont ils portent au contraire toutes les marques et tous les caractères possibles : que les mots *je, me ; tu, te ; il, se, le* et *la ; qui, que ; ils, les, leur*, sont de véritables *pronoms*, et en ont tous les caractères requis ; et que les mots *elle, nous, vous* et *elles*, sont les seuls qui se montrent et agissent sous la double forme et capacité, de *noms* et de *pronoms* tout-ensemble. —— Cette observation et cet éclaircissement, jettent, alors, une lumière singulière dans la Langue ; elles résolvent un nombre infini de difficultés dont on ne devinoit point auparavant la cause, ni la source, et détruisent toutes les exceptions auxquelles la confusion de tous ces mots, sous une dénomination commune et erronnée, avoit jusqu'à présent donné lieu. Mais ces détails, tous précieux qu'ils sont, nous sont interdits.

Nous ne saurions cependant nous empêcher encore de dire que, par ce même moïen si puissant dont nous venons de parler, et dont notre Auteur ne manque jamais de faire usage, en définissant strictement et rigoureusement les mots sous la dénomination d'*Articles* et d'*Adjectifs*, puis examinant ensuite les caractères essentiels et constituans de chacun d'eux en particulier, et faisant la comparaison de ce qu'ils ont d'analogue, ou de commun entre eux, avec ce qu'ils ont d'oppôsé et d'incohérent, il résulte que nous avons *cinq* différentes gradations d'*Articles* dans la Langue Françoise, sans compter un *sixième* qui sert à les rassembler *tous les cinq* en trois manières, ou sous trois faces différentes. C'est absolument le dernier des

Systêmes

Systèmes qui sont particuliers à notre Auteur, dont nous nous permettrons de rendre compte ; et, ensuite, nous concluerons ce Prospectus.

.L'Auteur, considérant le mot *adjectif*, commence par observer que cette dénomination est peu satisfaisante puisqu'elle ne présente pas la définition de la chose nommée. « — Adjectif », dit-il, « ne m'offre d'autre idée que « celle d'un mot ajouté à un autre : mais, le *cui bono*, le but, la fin, l'objet « qu'on se propose par cette addition, ou cet *ajoutement*, le terme *adjectif* « me le laisse totalement ignorer. A titre d'*adjectif*, dans ce sens vague « et indéterminé, je trouve encore un mot dans la Langue, d'une espèce « toute différente, et connu sous la dénomination d'*article*, qui s'ajoute « cependant de même aux *substantifs*, aussi bien que celui qu'on a désigné « par préférence sous cette dénomination particulière ; dénomination qui « dès-là, devient, comme on voit, d'autant plus impropre & insuffisante « qu'elle est également applicable à deux objets, et ne sauroit en désigner « un plus spécialement que l'autre. Examinons donc ces deux espèces de « mots scrupuleusement, et voïons ce qu'ils peuvent avoir d'analogue, ou « de commun, aussi bien que de différent et d'opposé. — L'espèce de mot, « connu dans les Écoles sous la dénomination d'*adjectif*, s'ajoute au nom « *substantif* ; il est vrai : mais, cette autre espèce de mot, connu dans ces « mêmes Écoles sous le nom d'*article*, s'ajoute aussi, et à ce même substantif. « Ainsi, ils ont donc cela de commun entre eux. Mais ils diffèrent en ce « que le premier s'ajoute comme qualifiant, ou plutôt, surchargeant celui « auquel il est ajouté : car il joint, il unit une idée distincte et séparée, une « substance métaphysique enfin, à une substance physique, dont celle-là « n'a pas besoin pour exister. Par exemple ; *bonté, générosité, candeur*, « *goût, esprit*, sont des substantifs métaphysiques ; et *Pierre* est un substanif « physique. Dire que *Pierre* est *bon*, est *généreux*, c'est ajouter à l'idée de « *Pierre*, qui est l'idée d'une *substance* palpable et physique, les idées de « *bonté* et de *générosité*, qui sont des idées de *substances métaphysiques*, « qui peuvent très-bien exister par elles-mêmes et séparément, et faire « toutes seules une sensation dans notre âme, sans le secours du sujet, ou « être physique, auquel elles se trouvent-là réunies, quand on articule « ensemble les mots *Pierre* est *bon*, *Pierre* est *généreux*. C'est donc, tout « uniment, déclarer que les deux idées, parfaitement distinctes et séparées « de *Pierre* et de *bonté*, ou de *Pierre* et de *générosité* conviennent ensemble, « et sont unies dans un seul et même sujet. Un *homme bon* est donc égal

« à un *homme* de *bonté;* un *homme généreux*, à un *homme* de *générosité;*
« lesquelles expressions ne sont pas d'usage, il est vrai, et cependant dans
« d'autres cas, où l'harmonie du langage n'a pas permis qu'on dérivât d'un
« substantif métaphysique un mot revêtu de la désinénce propre à en faire
« un qualificatif ou *adjectif*, nous sommes encore forcés de nous servir de
« ces tournures originales et premières, et de dire un *homme* de *goût*, un
« *homme* de *candeur*, (dans le même sens que nous disons indifféremment
« un *homme spirituel* ou un *homme d'esprit*) et ainsi qu'on le disoit avant
« que les Langues fussent arrivées au point de perfection auquel elles sont
« aujourd'hui parvenues, d'après la forme dont on le trouve TOUJOURS
« usité en Hébreu. Donc, ce qui résulte de l'addition du mot, connu sous
« la dénomination d'*adjectif*, à cet autre connu sous celle de *substantif*, est
« une AGGRÉGATION d'idées. Si je n'ajoute qu'un *adjectif* à mon *substantif*,
« il se trouvera donc une aggrégation de l'idée accessoire avec l'idée principale
« et fondamentale : *une* et *une* font *deux* idées réunies ou aggrégées. Si
« j'ajoute *deux*, *trois*, *quatre adjectifs*, ce sera *deux*, *trois*, *quatre* idées
« accessoires ajoutées à l'idée principale, don le produit, ou la somme
« totale, montera, en raison du nombre d'adjectifs, à *trois*, *quatre* ou *cinq*
« idées distinctes et séparées, réunies dans un seul et même sujet, et, y
« agrégées. —— Or, à présent, en est-il de même de l'*article*, cet autre mot
« qui s'ajoute cependant aussi au *substantif?* —— Non. —— Il est bien vrai
« qu'il s'ajoute, mais, avec des vues bien différentes. Il est pourtant bien
« *adjectif;* essentiellement TEL. Et ce *SENSUS INTIMUS*, seul ARISTARQUE
« des Langues, dont nous ne pouvons jamais nous écarter, qui se rit
« au fond de nous et des clameurs de ces petits aboïeurs qni voudroient
« méconnoître sa puissance, et des decrets des plus illustres Académies
« et des Souverains mêmes, ce puissant Monarque, dis-je, l'a si bien
« caractérisé, *adjectif*, que dans les Langues, telles que l'*Allemande*,
« l'*Espagnole*, l'*Italienne* et la *Françoise*, où l'*adjectif* varie sa terminaison,
« suivant les genres et les nombres, l'*article* varie la sienne aussi aux mêmes
« fins; et dans celles où, comme l'*Angloise*, l'*adjectif*, est ce qu'on entend
« par l'expression *indéclinable*, l'*article* l'est aussi. Analogie très-remarquable,
« et qui mérite de notre part une attention toute particulière. Voilà donc
« ce qu'ils ont de commun; et ce caractère seul, joint au fait qu'il s'ajoute
« au nom substantif, doit absolument faire accorder à l'*article* le titre
« d'*adjectif*. Il n'y a donc plus que dans ses fonctions, et dans le but, la

« fin qu'on se propose en l'unissant au *substantif*, qu'il faut avouer qu'il
« est certainement d'une nature bien différente de celle de son collègue.
« Car, comme il ne comporte en lui-même que peu, ou point d'idée,
« quand il s'articule seul ; loin d'ajouter, par conséquent, une idée distincte
« et séparée à celle du mot auquel il est uni, il ne fait qu'affecter l'idée
« même présentée par ce mot, et il la restraint, en la ramenant d'un état de
« non-connoissance, ou tout au plus d'une connoissance vague et obscure,
« à un état de connoissance positive, certaine, nette, précise et parfaite.
« Or, comme entre ces deux points il y a plusieurs degrés, c'est à marquer
« d'abord ces *deux* extrémités, et ensuite *trois* des points intermédiaires de
« l'échelle, faisant en tout *cinq* degrés principaux de connoissance, que
« sont consacrés certains mots de notre Langue, jusqu'à présent connus
« sous la dénomination d'*articles* ; et, qu'en leur qualité d'*ajoutés*, nous
« croïons avoir un droit incontestable à l'appellation d'*adjectifs*, avec la
« spécification de *restrictifs*, tandis que nous joindrons aux autres mots connus
« jusqu'à ce jour sous la même dénomination d'*adjectifs*, la spécification
« d'*aggrégatifs*, par oppôsition aux *articles* et par contra-distinction de ces
« nouveaux confrères, attendu la fonction dont ils sont chargés, qui est
« d'aggréger, comme nous l'avons fait voir , des idées sécondaires et
« accessoires à des idées premières et principales. — Les *adjectifs restrictifs*,
« et les *adjectifs aggrégatifs* ont encore des caractères distinctifs et constituans
« qui méritent attention. — 1°. La quantité numéraire des mots susceptibles
« d'être enregistrés dans la classe des *restrictifs* est forcément limitée dans
« toutes les Langues, et l'est conséquemment dans la Langue Françoise :
« celle des *aggrégatifs* ne l'est ni ne peut l'être. — 2°. Chaque *restrictif*
« désignant un point déterminé de l'échelle qui se trouve sur la ligne
« parcourable entre les deux extrêmités de la non-connoissance absolue
« d'une chose, et de la connoissance pure et parfaite de cette même chose,
« il résulte qu'ils sont tous individuellement incompatibles, et qu'il ne
« peut jamais s'en rencontrer deux d'entre eux réunis devant le même
« mot. Tous les *aggrégatifs*, au contraire, s'ils n'expriment des idées
« oppôsées telles que *sec* et *mouillé*, *grand* et *petit*, *chaud* et *froid*, sont
« compatibles et peuvent s'acoler à l'infini devant un seul et même mot.
« Donc, les mots déclinables de la Langue Françoise, qui sont privés d'un
« sens intrinsèque et absolu, et qui ne pourront pas s'accoupler devant un
« seul et même mot, seront de bons *articles*, ou *adjectifs restrictifs*,

D ij

« intentionnellement TELS ; ils le seront même plus qu'intentionnellement,
« ils le seront et de fait et de droit, sous quelle dénomination qu'on ait
« même pu les désigner jusqu'à présent : donc, à ces conditions nous avons
« plus de *deux articles*, ainsi qu'on le prétend dans la Langue Françoise.
« *Le*, ne signifie rien personnellement ; il n'a point de sens intrinséque
« et absolu : *Ce*, est dans ce même cas. *Le*, peut se placer devant *bras*,
« et je peux dire *le bras : ce* peut s'y placer aussi, et je peux dire *ce bras*.
‘ Mais *ce* et *le* sont incompatibles ; parce que le degré de connoissance,
« que je tire de *bras* par *ce*, est plus précis et approche plus de la perfection,
« que celui que j'en tire par *le :* donc *ce* et *le* sont tous deux des *articles*,
« ou des *adjectifs restrictifs*, par ce qu'ils en portent les caractères distinctifs,
« essentiels et constituans. Mais, avant ce degré de connoissance, que je
« tire du mot *bras* par *le*, je sens qu'il y en a encore un moindre, qui peut
« occuper l'intervale entre le point de non-connoissance absolue du mot
« *bras*, prononcé seul dans la phrase *os de bras*, et celui de la connoissance,
« un peu plus précise, de ce même mot, dans la phrase *os de* LE *bras :* et je
« trouve que *un*, dans *os de* UN *bras*, me donne une connoissance du mot
« *bras*, plus forte que dans *os de bras*, et plus foible que dans *os de* LE *bras*.
« Or, *un* est incompatible avec *le* et avec *ce ;* donc *un* est un *article* aussi,
« ou un de nos *adjectifs-restrictifs*, &c, &c, &c, &c.

Nous en resterons très-sérieusement là pour cette fois ; et, comme tous ces
dégrés se trouvent très-clairement exposés dans un *Tableau* particulier que
l'Auteur en a fait, nous nous contenterons de le donner ici tel qu'il est dans
l'Ouvrage ; et nous n'y ajouterons point de commentaire explicatif ni
justificatif, afin de laisser au Public le plaisir de faire lui-même des essais
et des applications à son gré, au moïen de quoi il ait la satisfaction de se
convaincre à son aise de la vérité de cette nouvelle doctrine ; doctrine qui,
d'un autre côté, va sans doute servir aussi de pâture extraordinaire à l'appétit
vorace des modernes *CRITICO-GRAMMATISTES* dont ce Siècle fourmille.

# TABLEAU GÉNÉRAL

## Des *Adjectifs-restrictifs*, (ou *Articles*,) de la Langue Françoise.

I<sup>er</sup> **Article**, *appellé* Le Préparatif, *ou* Universel - inquisitif.
        *Tel.*                    *Quel.*

II<sup>e</sup> **Article**, *appellé* l'Énonciatif - indéterminé.
  *Quelque; Certain; Un; (Deux; Trois, &c.) Des; Plusieurs.*

III<sup>e</sup> **Article**, *appellé* Le Spécificatif - déterminé.
              *Le, la, les.*

IV<sup>e</sup> **Artice**, *appellé* Le Démonstratif.
             *Ce, cette, ces.*

V<sup>e</sup> **Article**, *appellé* Le Possessif.
  *Mon, ma, mes. Ton, ta, tes. Son, sa, ses. Notre, nos.*
      *Votre, vos. Leur, leurs.*

VI<sup>e</sup> **Article**, *appellé* Le Répartitif, *qui embrasse tous les autres.*

| **Distributif.** | **Collectif.** | |
| --- | --- | --- |
| | **Affirmatif.** | **Négatif.** |
| *Chaque.* | *Tout.* | *Nul. Aucun.* |

**Tel** est donc l'Ouvrage que nous annonçons au Public : telle est la manière dont l'Auteur a envisagé son sujet, et celle dont il l'a traité. Heureux si ce peu d'exemples a l'avantage de lui concilier l'estime et la considération des Savans du Païs pour lequel il a travaillé. Il est vrai, qu'étant en Angleterre lorsqu'il conçut son Plan, il l'a exécuté d'abord en Anglois; Langue qu'il paroît posséder aussi à fond que la sienne propre, à en juger par l'élégance et la facilité qui règnent dans son style. Mais, l'accueil favorable que ses nouveaux principes ont déjà reçu de la part de ceux des Savans Anglois qui s'appliquent à l'étude des Langues en général, et de la Françoise en particulier, semble être un préjugé favorable à l'égard du sort qu'ils peuvent espérer d'obtenir en France lorsqu'ils paroîtront sous les nouvelles couleurs de l'Idiôme qui en est l'objet. D'ailleurs on verra par la *Liste des Souscripteurs* qui suit, et à la tête desquels se trouve Sa Majesté, qu'indépendamment de deux autres *Têtes Couronnées*, un très grand nombre de personnes des plus distinguées par leur rang, leur naissance, ou leur savoir, se sont déjà munies de l'Edition Angloise, et que cet Ouvrage n'est pas sans jouir ici déjà d'une certaine réputation, non plus qu'en Allemagne et en Russie. Passons donc aux *Conditions de la Souscription* pour l'Édition tant Angloise que Françoise conjointement, ou pour l'une des deux séparément, au choix des Souscripteurs.

# CONDITIONS.

Cet Ouvrage sera des mêmes format, caractère et papier que le présent Prospectus; et l'on n'en tirera que *cinq cens* Exemplaires, attendu la sécheresse et la profondeur de la matière qui y est traitée, et que le nombre des Amateurs en ce genre est très-petit.

Chaque Volume contiendra quatre-vingt feuilles d'impression, ou environ.

Le prix des *Six* Volumes *in-4°*. en feuilles, sera de . . . . . 192 liv.

Dont on paiera,

En s'inscrivant . . . . . . . . . . . . . . . . . 96 liv.
En recevant les Volumes I et II,
   au premier Octobre 1783 . . . . . . . . . . 24
En recevant les Volumes III et IV,
   au premier Janvier 1784 . . . . . . . . . . 36
En recevant les Volumes V et VI,
   au premier Avril 1784 . . . . . . . . . . . 36
                                              ——
TOTAL . . . . . . . . . . . . . 192

La Souscription ne sera ouverte, soit pour la France ou pour les Payis Étrangers, que jusqu'au premier Avril 1783.

Ceux qui n'auront pas retiré leur Exemplaire dans le courant d'une année après la publication des deux derniers Volumes, ne seront plus admis à le réclamer.

Le premier Volume sera accompagné du Portrait de l'Auteur, gravé par David, d'après l'Original de même grandeur, peint à l'huile et sur cuivre, par Kimly, Peintre de l'Électeur Palatin; et d'une autre Gravure emblématique analogue à la nature de l'Ouvrage.

## AVIS PARTICULIER.

Les Tomes III et IV, qui compléteront l'Édition Angloise, sont actuellement sous presse en Angleterre, et se tirent au nombre de Deux Mille pour compléter les Tomes I et II qui ont été tirés à pareil nombre.

—

Il reste encore de ceux-ci *deux cens* Exemplaires ou environ : et comme cette Édition Angloise, attendu la liberté de la Presse qui règne dans le Payis, ne sauroit manquer de posséder certains avantages, et de plaire par-là aux Curieux, aux Amateurs et aux Propriétaires de grandes Bibliothèques, tant Publiques que Particulières, on propôse de délivrer ce qu'il en reste séparément, ou conjointement, avec l'Édition Françoise, aux CONDITIONS suivantes :

1°. En s'inscrivant pour l'Édition Angloise seulement et recevant les *Deux premiers Volumes* . . . . . . . . . . . . . . . 96 liv.
Au moïen de quoi on recevra les deux autres Volumes *francs*, dès qu'ils paroîtront, c'est-à-dire dans l'espace d'un an au plûtard.

2°. Ceux qui s'inscriront pour les deux Éditions à la fois, ne paieront non plus que 96 liv. de première mise, et recevront cependant les deux premiers Volumes Anglois en s'inscrivant, sans même surcharger les autres mises postérieures pour l'Édition Françoise ; sinon qu'ils paieront de plus, et séparément, 96 liv. lors seulement que les deux subséquens et derniers Volumes Anglois paroîtront, et en les retirant ; de quoi on leur donnera Avis dans le tems. —— De sorte que, par cet arrangement, il résulte qu'on ne paiera jamais que 96 liv. en souscrivant, soit qu'on le fasse pour l'Édition Françoise, ou pour l'Édition Angloise séparément, ou pour toutes les deux ensemble.

*** L'intention de l'Auteur étant de donner à la tête du Ier Volume, une LISTE complette de tous ceux, tant Étrangers que Régnicoles, qui auront honoré cet Ouvrage de leur Souscription, on prie Mrs les Acquéreurs de vouloir bien, en souscrivant, envoïer leurs Noms et Qualités distinctement écrits, et tels qu'ils veulent les voir insérés.

*On les prie aussi d'affranchir le port des Lettres & de l'Argent.*

Le Bureau pour la Recette des Souscriptions, et la Livraison de l'Ouvrage, aux termes et conditions ci-dessus énoncées, est ouvert tous les jours chez l'AUTEUR, rue Princesse S. Sulpice, en face du Marchand de Couleurs ; et chez le Sr BARROIS le jeune, Libraire, quai des Augustins, à PARIS.

LISTE

# LISTE

*Des principales Personnes qui ont déjà souscrit pour l'Anatomie de la Langue Françoise, 6 Vol. in-4°.*

*N. B.* On a désigné ceux qui ont souscrit pour les Éditions Angloise et Françoise par cette marque (*); ceux qui n'ont souscrit que pour l'Angloise seulement par celle-ci (§); et ceux qui n'ont souscrit que pour la Françoise par cette autre (†).

## EN FRANCE.

* Le ROI.
* Mgr le COMTE D'ARTOIS.
* L'Académie Françoise.
* La Bibliothèque du Roi, *à Paris.*
* La Bibliothèque de S. Victor.
† S. A. S. le Prince de Soubise.
† Le Duc de Lauzun.
* Le Duc de Nivernois.
§ Le Duc du Châtelet-Lomont.
§ Le Duc de Guines.
† M. l'Abbé de Clermont-Tonnerre.
§ Le Marquis de Noailles,
§ Le Marquis de la Fayette.
§ Le Comte de Lauragais.
§ Le Duc de la Vallière.
§ Le Comte de Maillebois.
* Le Comte de Tanne.
* Le Chevalier de Fleurieu.
† Le Marquis de Voyer d'Argenson.
* Le Chevalier de Keralio, *Brigad. des Arm. du Roi, et Sous-Insp. Gén. des Ec. R. M.*
§ M. l'Archevêque de Paris.
§ M. l'Evêque de Blois.
† M. l'Evêque de Vanne.
† Le Marquis Amelot du Guépéan.
† Le Baron d'Espagnac, *Gouv. des Inval.*
† M. de la Ponce, *Intendant des Invalides.*
† M. l'Abbé de Vauxcelles, *Lect. de Mgr le Comte d'Artois, & Vic. Gén. d'Autun.*
† M. Le Ber, *Curé de la Mad. la V. l'Ev.*

† M. de Blémur, *Curé de S. Severin.*
† M. de Lorme, *Recev. gén. des Finances.*
* Le Chevalier ( ou Mademoiselle ) d'Éon.
* Le Chevalier de Colmont.
* M. de Lacombe *Présid. Hon. de la Cour des Aydes, & Membre de l'Académie, de Montauban.*
§ M. et Mad. Binet de Marchais, *Gouvern. du Louvre.*
† M. d'Hervillé, *Intendant de la Guerre.*
† M. Daran, *Ec. chir. ord. du Roi.*
§ Le Marquis de Pezay ( *Feu* ).
§ M. le Docteur Franklin, *Min. Plénip. du Cong. de l'Am. auprès de la Cour de Fr.*
§ M. Needham, *Direct. de l'Ac. Imp. et Roy. des Sc. et Belles-Lettres de Bruxelles.*
§ M. de Voltaire ( *Feu* ).
* M. d'Alembert.
§ M. de Marmontel.
† M. l'Abbé Desaunais, *Garde de la Bibliothèque du Roi, à Paris.*
* M. Court de Gebelin.
† M. Bénaven; *Intér. dans les aff. du Roi.*
† M. Simon; *Séc. du Point d'Honneur.*
† M. Préville; *Doïen de la Com. Franç.*
† Mlle Guimard.
† M. Gardel l'*ainé.*
† M. le Berton.
† M. Dauberval.
† M. la Salle.

*Ac. R. de Mus.*

# *PROSPECTUS.*
## *CHEZ L'ÉTRANGER.*

### *EN ALLEMAGNE.*

FRÉDÉRIC, Roi de Prusse.
S. A. S. le Prince George de Mecklenbourg.
S. A. S. le Prince de Vurtemberg Stoutgard.
S. A. S. le Prince de Holstein, *Evêque de Lubec.*
S. A. S. le Prince de Limbourg-Holstein.

### *EN RUSSIE.*

Le Général Paul Potemkin.
† Le Comte de Strogonow.
† M. A. Schtcherbinin.

### *EN ITALIE.*

S. A. S. le Prince Gonzaga di Castiglione.

### *EN ANGLETERRE.*

N. B. *Tous ceux qui sont contenus dans cet article, n'aïant encore souscrit que pour l'Édition Angloise, n'ont pas besoin de marque.*

GEORGE III, Roi de la Grande-Bretagne.
S. A. R. la Duchesse de Cumberland.
Le Duc de Norfolk ( *Feu* ).
Le Duc de Grafton, *Chancelier de l'Université de Cambridge.*
Le Duc de Devonshire.
Le Duc de Marlborough.
Le Duc de Portland.
La Duchesse de Manchester.
Le Duc de Newcastle.
Le Duc de Northumberland.
Le Duc de Montagüe.
Le Duc de Montrose, *Chancelier de l'Université de Glasgow.*
D. Frédéric Cornwallis, *Archevêque de Cantorbéry.*
D. Robert Drummond ( *Feu* ), *dernier Archevêque d'York.*
Le R. D. Guillaume Markham, *actuellement Archevêque d'York.*
George Henri Lee, Comte de Litchfield ( *Feu* ); *vivant, Chancelier de l'Université d'Oxford*
Le Comte de Holderness ( *Feu* ).
Le Comte d'Egremont.

Le Comte de Mansfield.
Le Comte d'Abingdon.
Le Comte de Rocheford.
Le Vicomte Wenteworth.
Le Vicomte Weymouth.
Le Lord Robert Spencer.
Le Lord North.
Le Lord George Lyttelton ( *Feu* ).
Le Lord Valentia.
M. Charles Fox, M. P.
M. Bouverie, M. P.
M. Marsham, M. P.
M. Wenman, M. P.
M. Uvedale Price, *de Foxley en Hertfordshire.*
Le Baronet Jean Stepney, M. P.
Le Baronet Sampson Gédéon, M. P.
Le Baronet Watkins Williams Wynn, M. P.
Le Baronet Jacques Dashwood.
Le Baronet Herbert Mackworth, M. P.
Henri Watkin Dashwood, Écuïer, M. P.
Henri Fletcher Norton, Écuïer, M. P.
Henri Hawke, Écuïer, M. P.
Jacques Harris, Écuïer, M. P.
Jacques Harris, Écuïer; *fils du précédent Ambassadeur à la Cour de Russie.*
Jean Norton, Écuïer, de Golden-square, *Londres.*
Jean Loveday; *le jeune*, Écuïer.
Jean Fenwick, Écuïer.
Thomas Faukier, Écuïer.
Forter Bower, Écuïer.
Le R. D. Brown, Vice-Chancelier, ( *Feu* ).
Le R. D. Durell, Vice-Chancelier ( *Feu* )
Le R. D. Hunt, Chan. de Christ-church. ( *Feu* ).
Le R. D. Fothergill, Vice-Chancelier.
Le R. D. Nowell.
Le D. Samuel Johnson, ( *le Lexicographe* ).
Le R. Mr Bathurst, Chan. de Christ-church.
Le R. Mr Cleaver.
*Université d'Oxford.*
Le R. D. Smith, *Président de l'École Roïale de Westminster.*
Le R. D. Young, *Professeur en Grec en l'Université de Glasgow.*
Le D. Alexandre Johnson.
Le D. Matty ( *Feu* )
Le R. M. Harper.
*Du Musée de Londres.*

Le D. Kenrick.
Le R. César de Missy *(Feu)*, *Chapelain du Roi, à Londres.*

Le R. M. Peiny de *Loubourough-Housse.*
M. Swinton , *Propriétaire du* Cou. de l'Eur.
&c, &c, &c.

*N. B.* L'Original Anglois de l'Ouvrage que nous annonçons, étant dédié à l'Académie Françoise , lui fut aussi présenté au mois de Juin 1773, par M. D'Alembert de la part de l'Auteur qui étoit à Londres, et qui en reçut la réponse suivante.

*COPIE de la Lettre de M. D'Alembert à M. le Chevalier de Sauseuil.*

A Paris le 8 Juin 1773.

**M**onsieur,

*M. le Marquis de Pezay vient de me remettre en arrivant de la campagne, la lettre que vous m'avez fait l'honneur de m'écrire, et par laquelle j'ai appris votre adresse que j'ignorois. J'avois reçu peu de tems auparavant deux volumes de votre Ouvrage, l'un intitulé* Analysis, &c, *et l'autre intitulé* Brachygraphy , &c. *Je les ai présentés de votre part à l'Académie Françoise, qui m'a chargé de vous en faire ses remercimens, et qui ne peut que donner beaucoup d'éloges au zèle que vous témoignez pour notre Langue. A l'égard du jugement que vous paroissez desirer, l'Académie me charge de vous dire qu'elle s'est fait la loi de ne jamais prononcer sur les Ouvrages imprimés dont le jugement n'appartient qu'au Public. — Je suis, &c.* D'Alembert.

*Autre Copie de la Lettre de M. de Voltaire à M. le Chevalier de Sauseuil, en lui accusant la réception des deux premiers volumes Anglois de l'Ouvrage ci-dessus.*

A Ferney , 24 Septembre 1773.

**U**n *octogénaire très-malade , Monsieur , et qui bientôt ne parlera plus aucune langue , vous remercie bien sensiblement du profond ouvrage que vous avez eu la bonté de lui envoïer sur la Langue Française. Il paraît que ce n'est pas le seul langage que vous connaissiez à fond. Vous trouverez peu de lecteurs aussi instruits que vous : tout le monde s'en tient à la routine et à l'usage. Votre livre ramène à des principes puisés dans la nature , et qui , pourtant , exigent une attention suivie. On ne peut lire votre ouvrage sans concevoir pour vous beaucoup d'estime , et sans être étonné des peines que vous avez prises. — L'état où je suis ne me permet pas de donner plus d'étendue à mes réflexions , et aux sentimens avec lesquels j'ai l'honneur d'être , Monsieur ,*

*Votre , &c.*

Voltaire, *Gentilhomme ordinaire de la Chambre du Roi.*

*EXTRAIT du Discours Préliminaire qui se trouve à la tête du troisième volume du* MONDE PRIMITIF, *de M.* COURT DE GEBELIN.

DANS le temps que nous terminions ce volume, on nous a communiqué un Ouvrage Anglois relatif aux objets dont nous traitons ici, compôsé par M. le Chevalier de Sauseuil, et imprimé en 1772. C'est une Analyse de l'Ortographe Françoise, ou les vrais principes de la prononciation Françoise, et dédiée à l'Académie Françoise. L'Auteur y traite principalement des loix que suivent les sons, dans les changemens que les mots éprouvent en se répandant sur la terre, et qui font le sujet de notre troisième livre. Il rapporte tous ces changemens à vingt-quatre classes, qu'il appelle Canons. Leur discussion est remplie de recherches curieuses et de très-beaux Apperçus, l'Auteur aïant très-bien senti que, sans ces comparaisons, tout travail sur les Langues est nécessairement défectueux. Il place à la tête ces principes, que les voïelles ne peuvent servir pour comparer les Langues, et que l'aspiration se change en presque toutes les consonnes. C'est donc encore ici un de ces Chercheurs du vrai, avec lesquels nous nous sommes rencontrés, sans avoir eu aucune connoissance de nos travaux respectifs. Nous serions donc suspects dans ce que nous en pourrions dire de bien. Nous préférons d'inviter ceux qui aiment à approfondir ces objets, à lire eux-mêmes cet Ouvrage.

Lu et approuvé, ce 9 Juin 1779. DE SAUVIGNY.

*Permis d'imprimer. A Paris, ce 12 Juin 1779.* LE NOIR.

F A U T E   A   C O R R I G E R.

P. 1, ligne 10, Païs, *lisez* Payis.